MATTHIAS KRÖNER

DIE COUCH

MIT ILLUSTRATIONEN
VON JAN SAßE

CARLSEN

Linus erwachte
von einem grellen Licht.
Er blickte müde auf den Wecker.

Ein Ufo landete in dem kleinen Garten
zwischen den beiden Toren.

Eine Rampe senkte sich
auf den Rasen.
Roboter traten daraus hervor.

Angst hatte Linus nicht.
Das Raumschiff war viel zu klein,
um die Erde anzugreifen.

Linus rannte im Schlafanzug zur Terrasse.
Er trat hinaus in den Garten.

Die Roboter waren aus Stahl.
Sie sahen Linus überrascht an.
Einen Siebenjährigen
hatten sie nicht erwartet.

xWtnyxmtttxpPzzSS mnnnrxXXxvVvvVq!
Schönes Wort! Aber ich verstehe euch nicht.

Einer der Roboter drehte den Knopf am Helm.

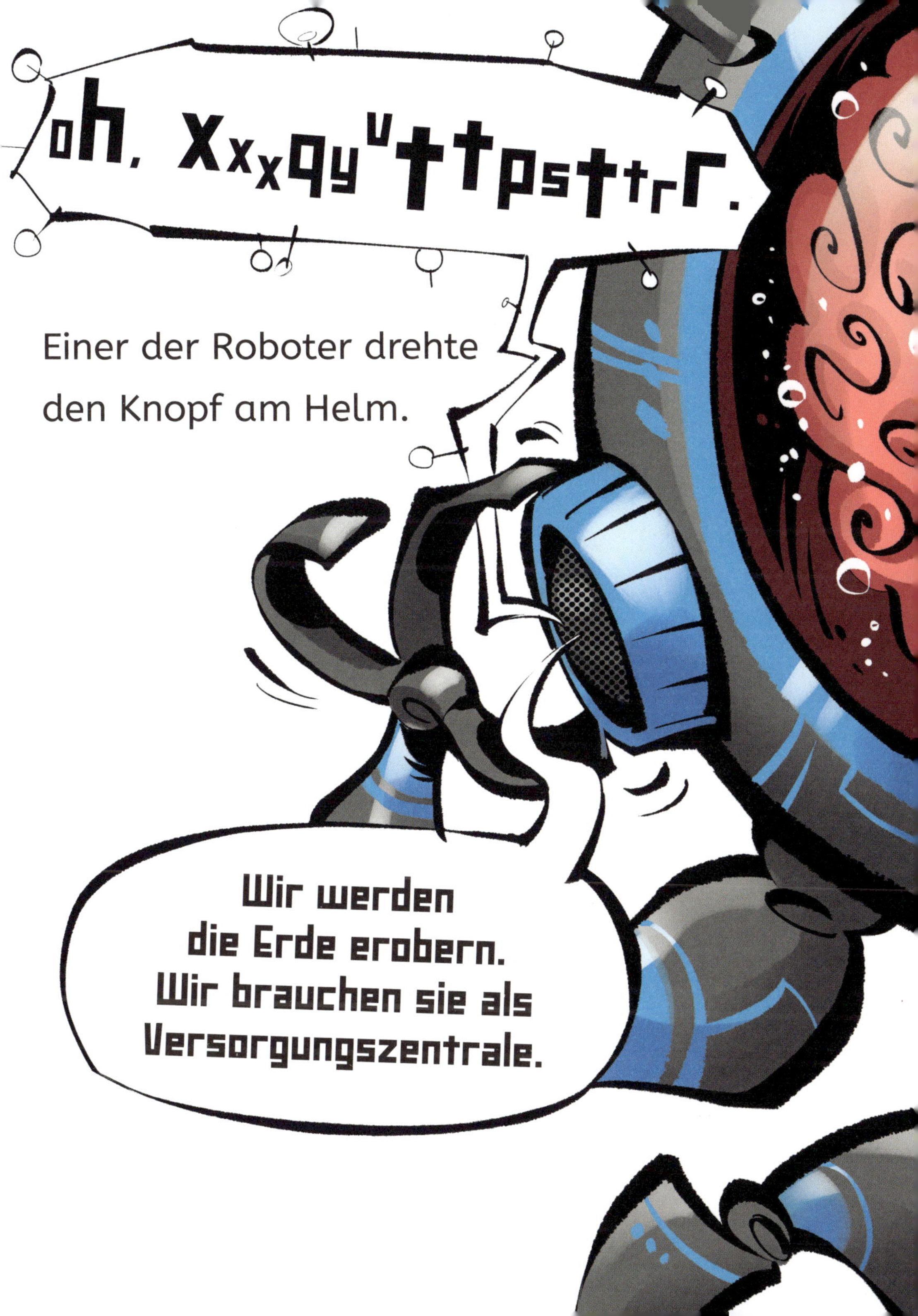

Was ist eine Versorgungs-zentrale?
Ein Restaurant. Eine Speisekammer. Ihr Erdlinge werdet ab sofort für uns kochen!

Oh! Da bin ich mir nicht sicher, ob die Menschen das wollen. Es gibt acht Milliarden von uns und ihr seid zu viert.

Wir xXxMnnnfffzpppffftTddDbb – 'tschuldigung, das Signal! – wurden nur vorgeschickt. Von uns gibt es 37 Billionen. Und wir haben die besseren Waffen.
PONK

Linus betrachtete das Ufo.
Er sah die Gewehre,
die die Roboter trugen.

Linus erinnerte sich,
was ihn fast immer friedlich stimmte.

Er stellte sich vor die vier Gestalten.

Etwas zwischen
die Schrauben können
wir schon vertragen!
Wie wäre es
mit ...

Der Roboter drehte
erneut am Knopf.

Linus strahlte.

Er bat die Roboter ins Haus.

Im Wohnzimmer drehte sich Linus
zu den Robotern um.

Was ist das, „Couch"?
Das da!

Der vordere Roboter stupste Linus an.

Der größte Roboter stellte
sich vor die Truppe.
Er war der Hauptmann.

Linus knautschte das Sofa.

Der Hauptmann fixierte Linus.
Was ist „draufsetzen“?
Linus nahm Anlauf und hüpfte auf die Polster.

Voll gemütlich.
Macht das mal!
Ich koche jetzt Pudding.

Linus verschwand in
der Küche.
Er zog die Tür zu
und atmete durch.

Aus der Küche heraus
beobachtete Linus die Roboter.

Sie näherten sich
immer wieder der Couch
und tippten sie an.

Dann legte
einer der Roboter
die Waffe ab
und setzte sich
todesmutig auf die Couch.

Mehrere Sekunden
passierte nichts.
Linus rührte
das Puddingpulver.
Der Roboter auf
der Couch grinste.

Der Roboter stand auf
und überredete die anderen
auch Platz zu nehmen.

Acht Augen aus Stahl
sahen um die Ecke.
Linus stellte
den Topf zur Seite.

Der Hauptmann sah
Linus grimmig an.

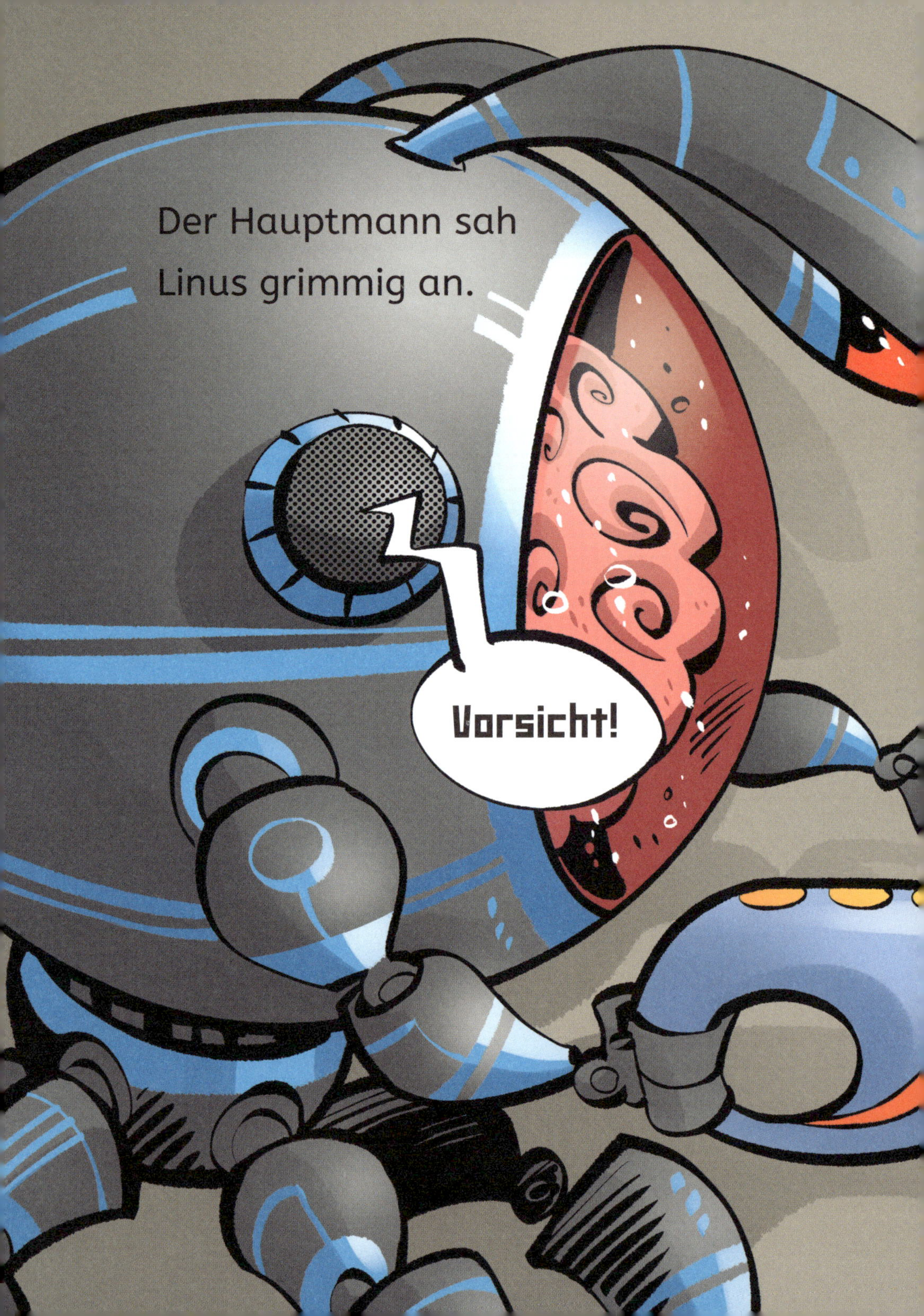

Keine Sorge! Schlafen ist harmlos. Das machen wir jede Nacht.

Der kleinste der vier runzelte die Stirn.

Linus machte vorsichtig
einen Schritt
nach vorn.

Den Schneebesen?
Was immer das ist!

Linus verließ die Küche
und betrat das Wohnzimmer.
Die Strahlenkanonen verfolgten
jeden seiner Schritte.

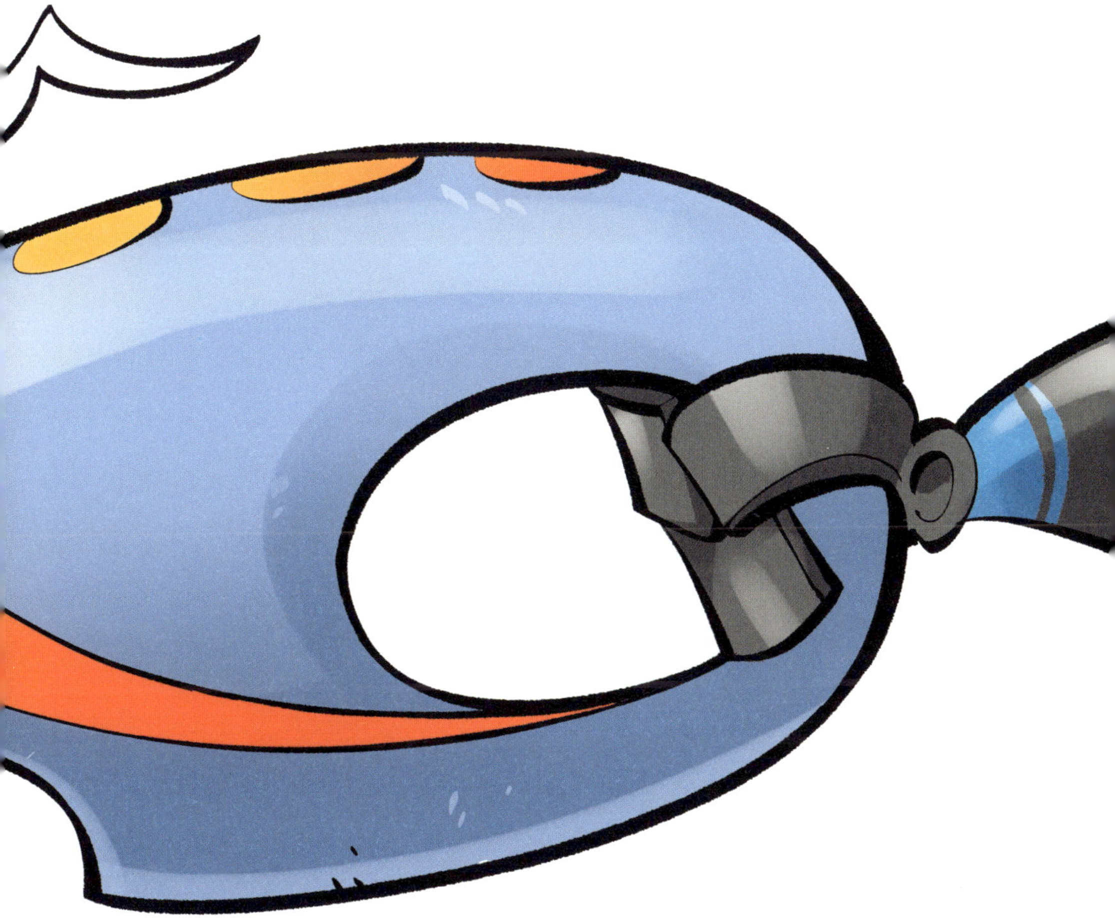

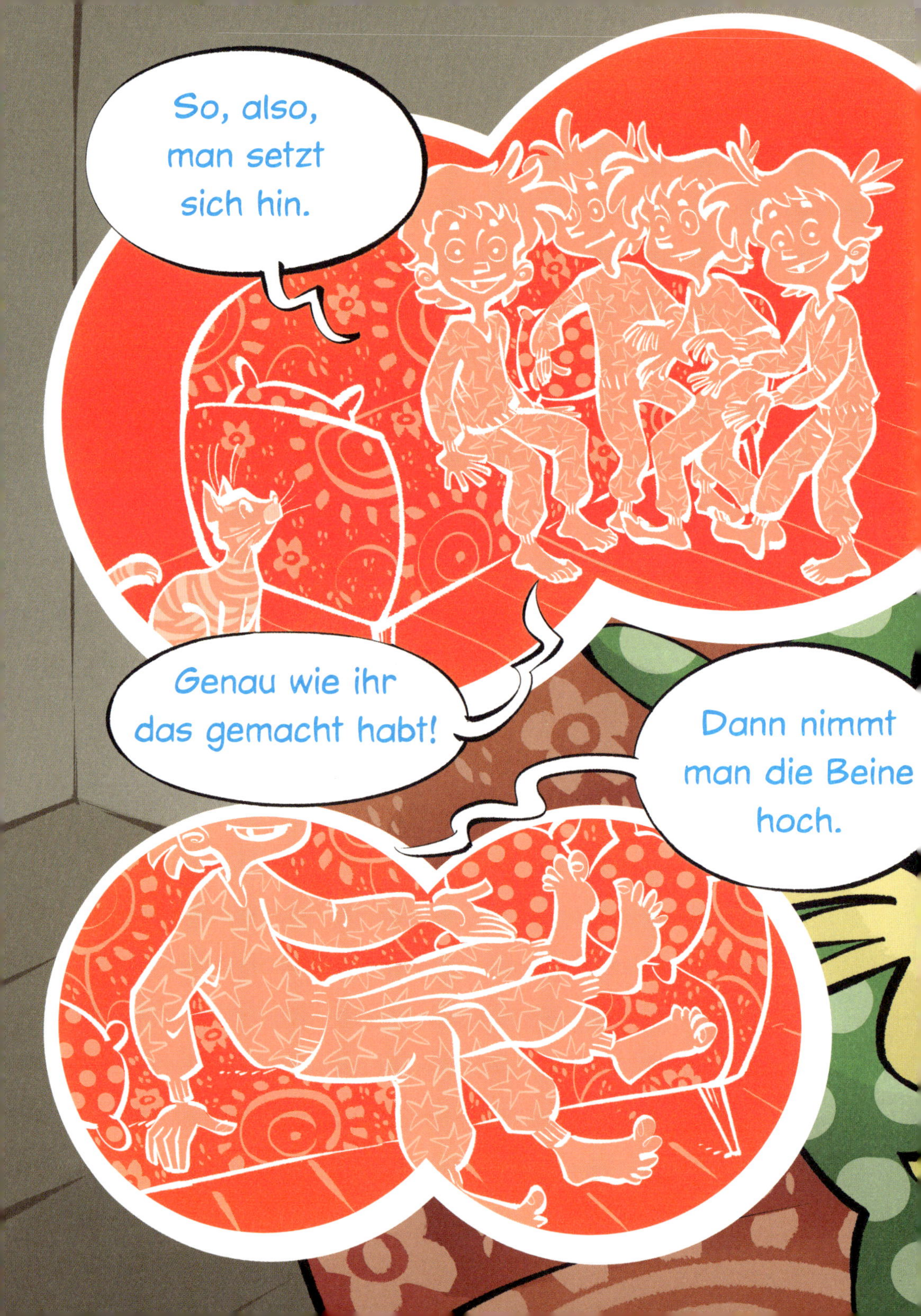
So, also, man setzt sich hin.
Genau wie ihr das gemacht habt!
Dann nimmt man die Beine hoch.

Linus fand es gut,
die Roboter
für einen Moment
nicht zu sehen.

Und jetzt?
Jetzt würde ich normalerweise einschlafen.

TAP TAP TAP
TAP TAP TAP
TAP TAP TAP
Dann mach!
TAP TAP TAP
Ich kann nicht. Ich bin nicht müde.

Müde?
Was ist das
jetzt wieder?
Wenn der Tag zu Ende geht,
wenn es dunkel wird,
fährt man ... sein System runter.

Das ist gefährlich!
Wenn wir unser System runterfahren,
sind wir Schrott im All.
Dann werden unsere Teile in andere Roboter eingebaut.

Der Hauptmann nickte
und ließ die Waffe sinken.

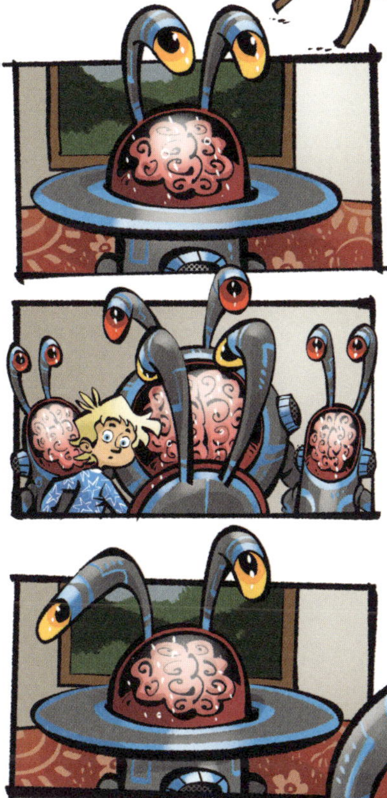

Der Roboter, der sich
schon zuvor auf
die Couch getraut hatte,
sah reihum seine
Kameraden an und
legte sich diesmal hin.

Er schloss die Augen.

Seine Schaltkreise blinkten, bis sie dünner und schwächer wurden – und der Roboter schlief.

Was hast du getan?
Die drei umringten ihren Freund. Sie rüttelten an seinem Körper.
Das war ein Hinterhalt. Na, warte!

Der Hauptmann packte
Linus am Arm
und schob ihn zur Couch.

Linus betrachtete
den schlafenden Roboter.
Guten Morgen!
TOC
TOC
KLICK!
Die Schaltkreise
begannen
zu blinken.

Die drei Roboter drängten
Linus zur Seite.
Sie wirkten wie besorgte
Eltern, die sich über
ein Krankenbett beugen.

Die Roboter steckten die Köpfe zusammen und Linus verstand kein Wort mehr.

Linus schlich zurück

in die Küche.

Er linste
immer wieder
ins Wohnzimmer.

Fast fiel ihm
der Schneebesen
aus der Hand.

Linus sah, wie die vier Roboter
die Couch wegtrugen.
Leise folgte er ihnen in den Garten.

Die Roboter kicherten und schoben gemeinsam die Couch ins Ufo.

Der Roboter,
der geschlafen hatte,
blickte lächelnd
auf die Kissen.

Die Roboter fuhren die Rampe des Raumschiffs hoch.

Es war immer noch
tiefste Nacht,
als das Ufo abhob.
Linus stolperte
zurück ins Haus.

Aus der Küche
drang ein strenger Geruch.

Linus nahm den Topf vom Herd.
Er schaltete die Herdplatte ab und
wedelte den Rauch aus dem Fenster.

Linus tappte
in sein Zimmer.
Sein Bruder Hannes
stand mit riesigen Augen
vor dem Fenster.

Über ihnen flog das Ufo in ein gigantisches Raumschiff.
Was ist das?

Es zog groß und gewaltig
durch die Nacht.
Hannes zupfte Linus
am Schlafanzug.

Linus zog die Bettdecke
bis zum Kinn.
Er fiel sofort
in einen tiefen Schlaf.

Träume ich
oder
bin ich wach?

RÄTSELCOUCH

Kennst du die Antwort?
Die richtigen Buchstaben
ergeben ein Lösungswort.

Wovor fürchten sich die Roboter?

T Vor den Strahlenkanonen

S Vor dem Schneebesen

K Vor Linus

Was ist das erste Wort, das die Roboter sagen?

B „Xxxqyvttpsttrr."

O „Xwtnyxmtttxppqqsstmnnnrxxxxvvvvq."

E „Xxxmnnnfffzpppfffttdddbb."

Was kocht Linus für die Roboter?

L Spinat

F Schokopudding

U Vanillepudding

Was wollen die Roboter auf der Erde?

O Sie wollen sich Schmuck und Kleidung kaufen.

I Sie wollen zur Schule gehen.

A Sie brauchen eine Versorgungszentrale.

Matthias Kröner mag seine Couch so sehr, dass er diese Geschichte schreiben musste. Viele seiner Geschichten entstehen nämlich, weil er abhängt und die Gedanken losfliegen. Moment! Was blinkt denn da draußen? Häääh? Da landet etwas. Das gibt's doch nicht, hier im Garten! Eine Rampe wird ausgefahren. Da sind vier Gestalten! O mein Gott! Jan, koch Pudding – schneeeeelllll!!!!!
Wer mehr über den Außerirdischen, äh, den Autor wissen möchte: www.fairgefischt.de.

Jan Saße kann auch keinen Schoko-pudding kochen, ohne dass der an-brennt, aber zeichnen kann er ganz gut. Und das tut er am liebsten für kleine Außerirdische mit großen, neugierigen Glubschaugen, die noch nicht so lange auf diesem Planeten gelandet sind, so wie du … und du … und du …
Hier könnt ihr noch mehr seiner Bilder entdecken: www.jansasse.de.
Aber bitte: Lasst ihm die Couch da!

Das Lösungswort
von der Rätselcouch ist:

SOFA

Wir produzieren nachhaltig
- Klimaneutrales Produkt
- Papiere aus nachhaltigen und kontrollierten Quellen
- Hergestellt in Europa

FSC www.fsc.org MIX Papier | Fördert gute Waldnutzung FSC® C002795

Völckersstraße 14–20, 22765 Hamburg

Umschlag- und Innenillustrationen: Jan Saße
Lektorat: Steffi Korda, Hamburg
Satz und Herstellung: Joy Knoff
Umschlaggestaltung: Gunta Lauck
Lithografie: ReproTechnik Fromme, Hamburg
ISBN 978-3-551-69113-2
www.carlsen.de

1\. KLASSE

NOCH MEHR BÜCHER VON EINFACH LESEN LERNEN FÜR DICH!

DAS KLEINE WIR IN DER 1. KLASSE
ISBN 978-3-551-69026-5

PONYHERZ UND HERR FRANZ: DIE GEKLAUTE WURST
ISBN 978-3-551-69083-8

AMELIE KOMMT IN DIE FEENSCHULE
ISBN 978-3-551-69103-3

DIE FEUERWEHR KOMMT NACKIG HER
ISBN 978-3-551-69066-1

KÄPTEN MATZ UND DIE TOTENKOPF-INSEL
ISBN 978-3-551-69079-1

Margi
Nina

SUPER-SCHNAUZE: HELD DER MÜLLTONNEN
ISBN 978-3-551-69081-4

DER MAGISCHE GARTEN
ISBN 978-3-551-69091-3

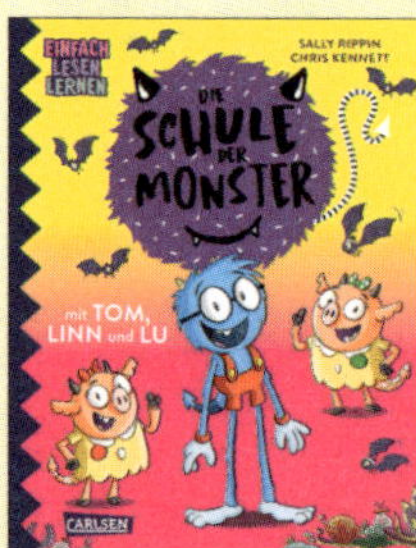

DIE SCHULE DER MONSTER MIT TOM, LINN UND LU
ISBN 978-3-551-69042-5

NOCH MEHR BÜCHER GIBT'S HIER!

WWW.CARLSEN.DE

CARLSEN

NOCH MEHR BÜCHER VON EINFACH LESEN LERNEN FÜR DICH!

BITTE NICHT ÖFFNEN, SONST ... 2: SCHLEIM AM BEIN!
ISBN 978-3-551-69047-0

ACHTUNG!: FIESE ABSEITSFALLE
ISBN 978-3-551-69056-2

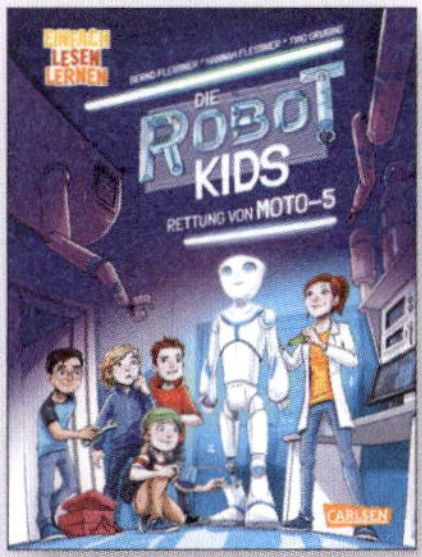

DIE ROBOT-KIDS: RETTUNG VON MOTO-5
ISBN 978-3-551-69020-3

DIE FLEGEL-AG: GIB MIR EIN F!
ISBN 978-3-551-69107-1

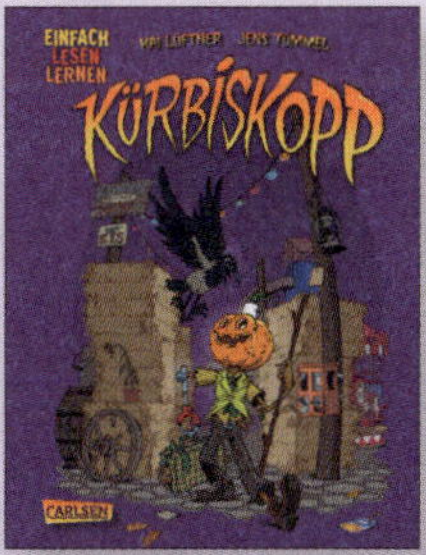

KÜRBISKOPP
ISBN 978-3-551-69104-0

OCEAN TWINS: DIEB-ALARM!
ISBN 978-3-551-69052-4

DIE UNLANGWEILIGSTE SCHULE DER WELT. GEHEIME PAUSE 1: DER ZAUBER-KAUGUMMI
ISBN 978-3-551-69045-6

HOL MICH RAUS HIER! ICH BIN EIN VAMPIR!
ISBN 978-3-551-69092-0

NOCH MEHR BÜCHER GIBT'S HIER!

3. KLASSE

NOCH MEHR BÜCHER VON EINFACH LESEN LERNEN FÜR DICH!

MINECRAFT 8: SPINNEN – BIS DIE NETZE BEBEN!
ISBN 978-3-551-06868-2

BUHTUBE: WIE MAN MAGISCHE GEFÄHRTEN FINDET
ISBN 978-3-551-69100-2

PIGGO UND PUTER: VOM STALL INS ALL
ISBN 978-3-551-69077-7

ZOFF! BUMM! BÄMM!- EIN STREITBUCH
ISBN 978-3-551-69088-3

IM LICHT DER ZAUBERKUGEL: DER DSCHUHA UND DIE MÄUSEPLAGE
ISBN 978-3-551-69032-6

NOCH MEHR BÜCHER GIBT'S HIER!

WWW.CARLSEN.DE

CARLSEN

PAWTASTISCHER LESESPASS!

PAW PATROL:
DIE FELLFREUNDE
AUF TIERISCHER MISSION
Hardcover, 64 Seiten
ISBN 978-3-551-69036-4

PAW PATROL:
DIE FELLFREUNDE
RETTEN DEN TAG
Hardcover, 64 Seiten
ISBN 978-3-551-69035-7

PAW PATROL:
DIE FELLFREUNDE
AUF DINO-MISSION!
Hardcover, 64 Seiten
ISBN 978-3-551-69071-5

PAW PATROL:
DIE SUPER-WELPEN
SIND NICHT ZU STOPPEN!
Hardcover, 64 Seiten
ISBN 978-3-551-69072-2

Bist du bereit für ein Leseabenteuer mit den Fellfreunden? Dann nichts wie auf die Bücher und losgelesen!

NOCH MEHR BÜCHER GIBT'S HIER!

WWW.CARLSEN.DE

Unterdessen,
in einer weit, weit
entfernten Galaxis …